Mit Karl Rahner glauben lernen

von Rudolf Hubert

Impressum:

Mit Karl Rahner glauben lernen

Glaube, der die Erde liebt – Mut zur Tugend

Was können wir heute von Karl Rahner lernen?

von Rudolf Hubert

Hrsg: Hans-Jürgen Sträter, Adlerstein Verlag

Herstellung und Verlag: BoD – Books on Demand, Norderstedt

ISBN: 9783759705228

Ausgabe: April 2024

Inhalt Seite

Glaube, der die Erde liebt – Mut zur Tugend

Es ist eine verworrene Zeit, die viele Menschen ratlos zurücklässt. Der anhaltende russische Angriffskrieg in Europa auf die Ukraine; die Unmenschlichkeiten von Terrorgruppen in Israel und das Leid vieler Unschuldiger und Wehrloser in palästinensischen Gebieten, die Gräuel im Jemen, in Syrien, im Sudan – die Reihe ließe sich beliebig fortsetzen. Viele Menschen halten es nicht mehr aus, wollen rasche und einfache Lösungen, denn all diese Krisen treiben Menschen aus ihrer Heimat fort. Und wir in Europa spüren, wie sehr wir global näher zusammengerückt sind, dass es unvereinbar ist mit Menschenrechten und Menschenwürde, dass einige Wenige immer reicher und viele Menschen immer ärmer werden. Dass die Armut der einen den Reichtum der anderen bedingt und umgekehrt. Das viel beschworene ‚Haus Europa' scheint eng geworden zu sein, es gibt nicht wenige Versuche, die ‚Haustüren' des europäischen Hauses fest zu verriegeln und zu verrammeln. Angst, Unsicherheit und das Gefühl der Überforderung – sie haben starke Verbündete, und zwar überall – die Populisten und Extremisten, die allen alles versprechen, die davon leben, angeblich „einfache Rezepte“ zur Bewältigung komplexer Problemlagen zu haben. Und deren „Grundmelodie“ der Hass ist. Besonders der Hass auf alles Fremde und alle Fremden. Es sind starke politische Strömungen, die ihre Kraft aus Angst und Vorurteilen ziehen. Deren Machtkalkül nur eines im Sinn hat, die eigene Macht auszubauen und zu festigen – nahezu um jeden Preis!

In dieser Situation nimmt sich ein Buchtitel wie *„Glaube, der die Erde liebt“*[1] ziemlich seltsam aus. Er stammt von dem Jahrhunderttheologen Karl Rahner, der vor 40 Jahren in der Nacht vom 30. auf den 31. März 1984 im Innsbrucker Universitätskrankenhaus verstarb. Vielleicht ist es ratsam, zu schauen, ob im umfangreichen Werk des Jubilars auch 40 Jahre nach seinem Tod Impulse zu ent-

[1] Karl Rahner „Glaube, der die Erde liebt“, Freiburg-Basel-Wien 1966

decken sind, die uns helfen können, die vielen gesellschaftlichen Herausforderungen aus dem Glauben heraus zu bestehen. Denn eines ist sicher: Diese vielfältigen Herausforderungen und Bedrängnisse sind immer auch existentielle Anfragen an unseren Glauben. Darum sei zunächst ein kurzer Blick auf das Leben Karl Rahners vorangestellt.

Karl Rahner wurde am 5. März 1904 in Freiburg/ Breisgau geboren und starb am 30. März 1984 in Innsbruck. Er war bekannt dafür, dass er nicht nur auf dem II. Vatikanischen Konzil – gemeinsam mit anderen Theologen – sowie auf der Würzburger Synode und auf zahlreichen Vortragsreisen und in Gesprächskreisen mit Natur- und Gesellschaftswissenschaftlern inständig um den *„Glauben inmitten der Welt“*[2], warb. *„Über die Möglichkeit des Glaubens heute“*[3] nachzudenken, wurde er

---

[2] Karl Rahner „Vom Glauben inmitten der Welt“, Freiburg-Basel-Wien 1961

[3] Aufsatz Karl Rahners in „Gegenwart des Christentums“, Freiburg-Basel-Wien1963

zeitlebens nicht müde. *„Im Heute glauben“*[4] war ihm eines der wichtigsten Anliegen, damit der Glaube nicht zu einem nutz- und sinnlosen, rein akademischen, theoretisch-abstrakten Gedankenspiel ohne praktischen Zweck einiger weniger Experten verkommt. Sein Insistieren auf Reformen in der Kirche, wie es besonders deutlich in seinem *„Strukturwandel“*[5] vernehmbar ist, hat auch vier Jahrzehnte nach seinem Tod an Aktualität nichts eingebüßt, ganz im Gegenteil! Lange vor vielen anderen Theologen betrieb Karl Rahner „kontextuelle Theologie“. Die „Zeitgenossenschaft des Glaubens“ war ihm – nicht zuletzt auf Grund seiner ignatianischen Prägung – einerseits Ausdruck gelebter Kirchlichkeit. Andererseits war es für ihn auch ein Akt der geschwisterlichen Liebe, jedem Menschen Auskunft zu geben, der nach dem Grund der Hoffnung fragt, wie es im ersten Petrusbrief heißt. Karl Rahner war immer Seelsorger, er hat

[4] Karl Rahner „Im Heute glauben“ – Theologische Meditationen, Einsiedeln-Zürich-Köln 1965 (4. Auflage 1968)

[5] Karl Rahner „Strukturwandel der Kirche als Aufgabe und Chance“, Freiburg-Basel-Wien 1972 (3. Auflage 2019!)

sich nie auf das sprichwörtlich „hohe Ross" gesetzt. Ein Satz wie: „Wir sind es unserer Mitwelt nicht schuldig, mit ihr unfähig zu sein"[6] ist aus seinem Munde undenkbar.

Intoleranz, Propaganda, Schwarz-Weiß-Malerei

> *„Aus dieser schrecklichen Tendenz, einzelne Wirklichkeiten und Werte absolut zu setzen, zu vergöttlichen, zu vergötzen... erwachsen dann Fanatismus der Weltanschauungen, die entsetzliche Intoleranz der gesellschaftlichen Systeme, die tobende Lautstärke der Propaganda, die arrogante und entsetzlich dumme Schwarz-Weiß-Malerei in der Politik..." (420)*

Diese Aussage ist dem Aufsatz Karl Rahners *„Die unverbrauchbare Transzendenz Gottes und unsere*

[6] Aus „Mut zur Tugend" – Über die Fähigkeit, menschlicher zu leben – Freiburg-Basel-Wien 1979, S. 224-226 (Hans Urs von Balthasar)

Sorge um die Zukunft“[7] entnommen. Wenn wir sie auf uns wirken lassen, scheint es, als spräche sie direkt in unsere Zeit hinein. Denn wie sieht es aus in den vielen zwischenmenschlichen und zwischenstaatlichen Konflikten? Oft scheinen sich die Positionen deshalb unversöhnlich gegenüberzustehen, weil die Haltung vorherrscht: Ich bin eben der „Gott allen Wissens“. Meine Perspektive – und nur sie – zählt. Sie ist richtig und ich bin allein im Besitz „unfehlbarer“ Wahrheit. Wer diese Vergötzung der eigenen Meinung aufgibt, könnte zur Erkenntnis gelangen, dass der Konjunktiv – das „Vielleicht“ oder „es könnte sein“ – höchstwahrscheinlich die einzige Grundlage ist, auf der überhaupt ein fairer, gesellschaftlicher Diskurs möglich ist. Menschen, die vorgeben, „immer schon“ alles ganz genau gewusst zu haben oder „alles ganz genau zu kennen“, erliegen dieser Vergötzung des eigenen Standpunktes. Ganz abgesehen davon, dass dieses irritationsfeste Beharrungsvermögen ein unbewuss-

[7] Aus Karl Rahner „Schriften zur Theologie“, XIV; Zürich-Einsiedeln-Köln 1980 SW 29, 67-78 – Die in Klammern gesetzten Zahlen sind die Seitenzahlen in diesem Band

tes und verdecktes Eingeständnis eigener Beratungsresistenz ist.

Man sieht die Praxisrelevanz rahnerschen Denkens gerade an diesem Beispiel deutlich, weil die Behauptung der Gültigkeit der eigenen Perspektive um jeden Preis ein Widerspruch ist zu einer Wirklichkeit, die oftmals alles andere ist, nur eben nicht eindeutig! Und zwar aus dem ganz einfachen Grund, weil jede Betrachtungsweise subjektiv „gefärbt“ ist und man ohne eine subjektive Perspektive gar nicht auskommt. Das zeigt schon die Elementarphysik mit der Unbestimmtheitsrelation: Es ist nicht möglich, Ort und Impuls von Elementarteilchen gleichzeitig zu beobachten, weil der Messvorgang selbst schon wieder Teil der Beobachtung ist. Anders gesagt: Weil die Beobachtung selbst wiederum Einfluss auf den Messvorgang nimmt.

Diese Heisenbergsche „Unbestimmtheitsrelation“ gilt generell und überall und sollte uns durchaus “verleiten“ zu Demut, Ehrfurcht und Toleranz.

Skeptischer Relativismus und ideologischer Fanatismus

> *„Skeptischer Relativismus... und ideologischer Fanatismus... sind die beiden falschen Konsequenzen, die man sehr leicht aus der unaufhebbaren Differenz zwischen der Problematik der Reflexion und der Absolutheit der Entscheidung, zwischen Theorie und Praxis zieht." (16)*

Die Absage an Relativismus und Fanatismus ist einem Buch entnommen, das den bezeichnenden Titel trägt: *„Mut zur Tugend".*[8]

Es ist interessant, wie manche Diskussionen in der Öffentlichkeit verlaufen. Da gibt es einige, die sagen: „Die AfD[9] nimmt uns ernst. Sie hört auf das

[8] „Mut zur Tugend" – Über die Fähigkeit, menschlicher zu leben – Freiburg-Basel-Wien 1979; die in Klammern gesetzte Zahl betrifft die jeweilige Seite.

[9] Die AfD hat derzeit (2024) in Deutschland den größten politischen Einfluss. Darum habe ich sie namentlich erwähnt. Allerdings muss klar sein: Jeglichem Extremismus, sei er politisch „links" oder „rechts" gefärbt oder religiös motiviert,

‚einfache Volk.'" Und rasch geht die Diskussion dann in Richtung Spaltung weiter, also „Die da oben" und „Wir da unten". Die Rede geht dann von „den etablierten Parteien", die sich „vom Volk entfremdet haben." Hatten wir das alles nicht schon einmal in unserem Land? Denn die logische Konsequenz lautet dann doch: „Wo ist der ‚starke Mann'[10], der endlich aufräumt"? Oder auch: „Wo ist die ‚führende Partei'?" Es mag sein, dass Menschen mit extremistischen Ansichten sich redlich mühen um Lösungen, meistens auf kommunaler Ebene. Es mag sein, dass Menschen extremistische Positionen vertreten oder sie wählen, weil sie sich nicht ernst genommen, gestresst und überfordert fühlen. Und niemand wird behaupten, dass Populisten und Extremisten nur „Dummköpfe" sind. Auch wird kaum jemand bestreiten, dass es keine Probleme gibt, die Menschen zu schaffen machen. Doch Vorsicht! Denn selbst der Verweis auf Programme

muss – und zwar aus christlichem Glauben heraus – eine klare Absage erteilt werden!

[10] Die Rede von der „starken Frau" habe ich in diesem Zusammenhang bisher noch nicht vernommen.

extremistischer Parteien und Gruppierungen kann zur Verharmlosung beitragen. Warum? Es mag jemand die klügsten und besten Ideen und Einfälle haben. Wenn für ihn oder sie Menschenrechte nicht wirklich für alle Menschen gelten – gleiches gilt für die uneingeschränkte Geltung der Menschenwürde – dann gibt es kein Fundament für verantwortliche Politik im demokratischen Gemeinwesen. Da mag es noch so kluge Einzelüberlegungen geben. Die Trennlinie ist eindeutig: Völkisches und rassistisches Denken spricht anderen Menschen Rechte und Würde ab! Das gilt auch für Parteien, die keine Menschenrechte kennen, sondern nur Klassen-interessen. Da sind die Übergänge nicht nur fließend. Da sind auch Ähnlichkeiten unübersehbar. Parteien und Gruppierungen, die diese Strömungen nicht kategorisch ausschließen, haben in einer freiheitlichen Demokratie nichts zu suchen und sind mit christlichem Glauben unvereinbar.

Karl Rahners „Kompass“ ist hier absolut eindeutig:

„Wo der Mensch keinen Gott hat, in dessen Unbegreiflichkeit er sich willig hineinfallen lassen kann,

gerät er unter die Herrschaft partikularer Götzen, in denen die rationale Kalkulation, die Technik, der Stolz, alles machen zu können, das perfekte Funktionieren eines Systems, der Sexus, die Macht und so fort absolut gesetzt monoman zum einzigen Ausgangspunkt und zum je einzigen Richtmaß des Handelns und des Lebens gemacht werden.“ (420)[11]

Nichts Einzelnes absolut setzen

> *„Man darf nichts Einzelnes absolut setzen, auch sich selber nicht; man soll alles wichtig nehmen und doch nichts so ganz wichtig nehmen; man soll nicht meinen, alles zu wissen und alles beherrschen zu können; man muss sich loslassen können ohne vorausgehend nachgeprüfte Garantie, dass man ankommt... Wenn man dies tut, immer aufs neue versucht..., dann liebt man Gott, dann erst versteht man, was mit diesem Wort*

[11] Aus Karl Rahner „Schriften zur Theologie“, XIV; Zürich-Einsiedeln-Köln 1980 – Die in Klammern gesetzten Zahlen sind die Seitenzahlen in diesem Band.

überhaupt gemeint ist, dann fallen die Götzenbilder am Weg unseres Lebens, auch die Götzen, zu denen wir legitime Zukunftsplanung und nur zu verständliche Zukunftsangst gemacht haben." (421)[12]

Was ergibt sich nun aus dieser Empfehlung Karl Rahners ganz praktisch? Sie lässt im Übrigen unschwer die ignatianische Indifferenz und das Wissen um das Größer-Sein Gottes als geistliche Grundhaltung erkennen, die Karl Rahner zur Lösung solcher Probleme empfiehlt, wie wir sie gegenwärtig erleben und wie sie zu Zeiten Karl Rahners wohl nicht unähnlich waren.

So wichtig und hilfreich die vielen und großen Demonstrationen für unsere Demokratie sind, sie sind nicht alles. Ob im Familien- oder Bekanntenkreis, bei Freunden oder Nachbarn – häufig erleben

[12] Ebd.

Menschen doch, dass Verschwörungsdenken, Wut und Hass unwidersprochen bleiben. Man möchte keinen Konflikt, nicht hier und jetzt. Und oft sind Ängste mit im Spiel: Lächerlich gemacht und als naiv und manipuliert „abgestempelt“ zu werden. Die Frage bleibt: Wie gehe ich um mit jenen, die meinen, die „Wahrheit gepachtet zu haben“? Und die diese „Überzeugung“ meistens lautstark und mit großem Pathos vertreten. Die sich oft des Beifalls Anderer sicher sein können in ihrer Umgebung. Patentrezepte gibt es nicht, zumal hinter allzu sicherem Auftreten oft eigene Unsicherheit und Überforderung stecken, die man gerne verdrängt. Wer das direkt anspricht, erlebt oftmals grobe Aggressionen, die nichts bringen außer der Anzeige: Treffer! Mir hilft vor allem, dass ich darauf aufmerksam mache, dass ich nicht im Besitz solcher allumfassenden Erkenntnisse bin. Hilfreich ist auch die öffnende Frage, ob es nicht auch andere Aspekte gibt, weil die Welt komplex ist. Verbunden mit dem Eingeständnis, dass ich genau deshalb Vieles nicht oder kaum verstehe. Damit hat man eine gemeinsame „Ebene der erlebten Überforderung“ hergestellt. Und dann sollte der Hinweis nicht fehlen, dass in einer offenen Gesellschaft auch für die beste Überzeugung Mehrheiten zur Umsetzung gefunden werden müssen. Ergänzt durch einen weiteren Hinweis, dass Mitwirkung jedem möglich ist im demokratischen Gemeinwesen und die Frage gestellt werden sollte, welche Erfahrungen beim bisherigen Engagement gesammelt wurden. Auch das kann u. U. einen gemeinsamen Erfahrungshorizont schaffen. Was in solch einem Gespräch nicht fehlen darf, ist das klare Bekenntnis, dass unter keinen Umständen die offene Gesellschaft abgeschafft werden darf, weil Geschichte und Gegenwart lehren, dass jede Diktatur verheerend war bzw. ist. Ebenso, dass Menschenrechte und Menschenwürde unteilbar sind und immer und überall für jeden Menschen gelten. Die Frage nach dem Fundament für diese grundsätzliche Option ist darüber hinaus eine überaus spannende und sollte in einem gesamtgesellschaftlichen Diskurs nicht den letzten Platz einnehmen.

Hier kommt noch einmal Karl Rahner ins Spiel, der ja bekanntermaßen vor der entsetzlichen Intoleranz der gesellschaftlichen Systeme und der tobenden Lautstärke der Propaganda, vor der arroganten und entsetzlich dummen Schwarz-Weiß-Malerei in der Politik gewarnt hat. „Man darf nichts Einzelnes absolut setzen, auch sich selber nicht." Diese Warnung und Mahnung Rahners scheint heute im gesellschaftlichen Diskurs weitgehend vergessen zu sein oder sie wird ignoriert. Doch um welchen Preis? Denn erst dann, wenn nichts Endliches verabsolutiert wird, so Karl Rahner, besteht überhaupt die Chance für ein Verständnis dessen, was mit „Gott" gemeint ist. Darum braucht es tatsächlich heute vor allem den „Mut zur Tugend". Worin sie besteht, kann man bei Rahner nachlesen, denn er beschreibt eine Mitte zwischen den Extremen des Relativismus und Fanatismus:

Die Mitte zwischen den Extremen

„Zwischen diesen beiden Extremen gibt es eine Mitte; sie ist eine Tugend und diese Tugend scheint mir namenlos zu sein. Diese Mitte, in der die vorausgehende Reflexion auf die Legitimität einer Entscheidung ernst genommen wird, und in der dennoch von dieser Reflexion nicht mehr verlangt wird, als sie leisten kann, deren Problematik ehrlich eingestanden wird und die trotzdem nicht den Mut einer ruhigen und tapferen Entscheidung verhindert, markiert das richtige Selbstverständnis des Menschen, der weder der Gott einer schlechthinnigen und allseitigen Sicherheit und Klarheit ist, noch das Wesen einer leeren Beliebigkeit, in der alles gleich richtig und gleich falsch ist, der Konturen hat, die zu respektieren sind, obwohl sie den Glanz des Göttlichen und Selbstverständlichen nicht haben... Sie ist die Tugend des tätigen Respekts vor der

gegenseitigen Bezogenheit und gleichzeitigen Unzurückführbarkeit von Theorie und Praxis, von Erkenntnis und Freiheit. Sie ist die Tugend der Einheit und Verschiedenheit der beiden Größen, ohne die eine oder die andere zugunsten der andern zu opfern."

Auch 40 Jahre nach seinem Tod sind diese Worte Karl Rahners von einer Aktualität, die kaum zu überschätzen ist. Außer von dem Wunsch, dass diese Tugend im großen Weltgeschehen als auch im Zwischenmenschlichen doch endlich mehr beherzigt und vor allem gelebt wird.
Schlussendlich bleibt bei all dem eine große Frage offen, wie das denn überhaupt gehen soll und gehen kann angesichts der Zwänge und Herausforderungen. Die Kurzantwort: Nur durch das Gebet. Denn das

„Gebet ist das freie Vorsichselberkommenlassen des Menschen seiner selbst. Darin vernimmt der Mensch seine Situation und die mit ihr gegebenen Möglichkeiten und

Aufgaben. Ihnen stellt sich der Beter als dem göttlichen Willen... Gebet ist somit immer praktisch bezogen, immer handlungsorientiert. Beten und Leben als Fragen nach der göttlichen Führung sind dasselbe: Das Leben soll ein ‚einziges Gebet' sein und das Beten ein ‚Stück eines solchen Lebens' (WiS 22)" [13]

Karl Rahner war Zeit seines Lebens vor allem der „Pater Rahner", der Seelsorger, dessen Theologie in allererster Linie der Seelsorge zu dienen hatte. Darum war er auch ein großer Beter, der sehr genau um die *„Not und den Segen des Gebetes"*[14] wusste. Ralf Miggelbrink schreibt:

---

[13] Aus Ralf Miggelbrink „Ekstatische Gottesliebe im tätigen Weltbezug", Altenberge 1989, S. 286

[14] SW 7, 1.-4. Auflage „Von der Not und dem Segen des Gebetes", Innsbruck 1949-1955, 1.-12. Auflage, Freiburg-Basel-Wien1958 – 1985. Vgl. auch in "Beten mit Karl Rahner", Freiburg-Basel-Wien 2004", Band 1 "Von der Not und dem Segen des Gebetes", eingeleitet von Rudolf Hubert und Roman A. Siebenrock

„Rahners Gottesdenken setzt… bei der Erfahrung Gottes als des zum subjekthaften Handeln für Andere Aufrufenden und Befreienden (ein). Der Vollzug dieses gläubigen Subjektseins ist der einzige Ort, an dem theologische Rede sinnvoll ist: Nur in der Ordnung der Gnade, die angenommen und gelebt wird, wo der Mensch sich in Nächsten- und Gottesliebe vollzieht, gibt es ein Verstehen der Wahrheit Gottes jenseits selbstgefälliger, weltbildhafter Sicherheit und jenseits der Verzweiflung.“[15]

---

[15] Ralf Miggelbrink „Ekstatische Gottesliebe im tätigen Weltbezug“, Altenberge 1989, S. 287 f

Was können wir heute von Karl Rahner lernen?

„Wenn der Mensch keinen Gott hat…“ so beginnt ein Satz von Karl Rahner. Was ist, wenn der Mensch keinen Gott hat? [16]

> Also, zunächst glaube ich, dass Karl Rahner darauf insistieren würde, dass jeder Mensch von Gott angesprochen wird. Der allgemeine Heilswille Gottes, der ein wirksamer ist, ist vom jüngsten Konzil noch einmal mit aller Deutlichkeit betont worden. Diese gültige Lehre der Kirche ist von Karl Rahner und anderen Theologen mit Nachdruck in Erinnerung gerufen worden. Und dennoch ist Ihre Frage berechtigt, denn was Rahner in diesem Zusammenhang anspricht, ist das „verschüttete Herz“, wie er es nennt. Herz steht ja für die Mitte der Person und wenn Gott tatsächlich aus dem Blick gerät, so Karl

[16] Das Interview erschien in gekürzter Form zuerst: Nr. 11 vom 17. März 2024, S. 12 Neue Kirchenzeitung im Erzbistum Hamburg

Rahner, stellen sich sofort all jene Götzen ein, die seinen Platz einnehmen und uns versklaven. Das ist kein Pathos einer ‚angestaubten Geschichte', sondern aktuelle Erfahrung, wenn wir auf all die Zwänge schauen in unserer medialen Welt, wo Macht, Luxus, Verschwörungsmythen gottgleiche Ansprüche stellen und uns in einer Art und Weise gefangen nehmen, die in ihrer Wirkung und Gefahr kaum überschätzt werden kann.

Im Gegensatz zu dem Theologieprofessor Rahner haben Sie ein Leben in einer weitgehend atheistischen Gesellschaft verbracht. Menschen ohne Religion, die gibt es. Aber gibt es Menschen ohne Gott?

Ich glaube nicht, dass es Menschen ohne Gott gibt. Weil Gott die alles bestimmende Wirklichkeit ist. Wohl gibt es das „verschüttete Herz", wie Karl Rahner in vielen geistlichen Texten betont. Und diese Gefahr ist – nicht nur heute – eine Wirklichkeit von erschreckendem Ausmaß. Damit ist die Aufgabe der Kirche klar benannt, die in der „Öffnung des Herzens“ besteht, wie auch das erste Kapitel in Rahners Long- und Bestseller „Von der Not und dem Segen des Gebetes“[17] überschrieben ist. Denn wenn Menschen so leben, als ob es Gott nicht gibt, dann kommt es unweigerlich, wie es Karl Rahner beschreibt, zur „Herrschaft partikularer Götzen, in denen die rationale Kalkulation, die Technik, der Stolz, alles machen zu können, das perfekte Funktionieren eines Systems, der Sexus, die Macht und so fort absolut gesetzt monoman zum einzigen Ausgangspunkt und zum je einzigen Richtmaß des Handelns und des Lebens gemacht werden.“ [18]

Sie sind jetzt seit Jahren verantwortlich für Caritaspastoral. Ist Caritas ein pastorales Projekt?

---

[17] Verweis auf Anm. 14, Seite 21

[18] Karl Rahner „Schriften zur Theologie“ XIV, Zürich-Einsiedeln-Köln 1980, S. 420

Ich kann auf diese Frage zunächst nur mit einem Wort unseres Erzbischofs Stefan antworten: „Ich begreife unsere Kirche als dienende Gemeinschaft. Damit geht unter anderem die Stärkung der Caritas einher… Eine karitative Haltung ist für mich wesentlich und zukunftsweisend.“ In jeder caritativen Tätigkeit, ob in der Pflege, in der Beratung und Betreuung, in der Jugendarbeit oder im Hospiz, immer und überall, wo Begegnung geschieht, wo Hoffnung vermittelt wird, wo etwas Gutes geschieht im Sinne der tätigen Nächstenliebe, ist Gott gewissermaßen ‚mit im Spiel‘. Wer diesen Satz bestreitet, würde behaupten, dass es etwas Gutes gäbe ohne Gottes Mit – und Zutun. Und das geht nach christ-katholischem Glauben nicht.

Haben Sie die erklärte – oder heimliche Hoffnung, dass sich Menschen durch die Arbeit der Caritas zum katholischen Glauben bekehren?

Da muss man zunächst die Frage der Begrifflichkeit klären. Was heißt ‚bekehren'? Und was ist Ziel caritativen Tuns? Wo Liebe geschieht, nicht um des Anderen willen, sondern um etwas zu erreichen, wenn Liebe nicht gleichsam absichtslos geschieht, wird sie pervertiert. Mit den Worten Karl Rahners gesprochen: „Sehen Sie, so wie Sie durch einen anderen Menschen im Ernst nur glücklich werden können, wenn Sie diesen anderen Menschen um seiner selbst willen, und nicht um Ihres eigenen Glückes willen lieben, so ein ähnliches Verhältnis ist auch zwischen den Menschen und Gott…Dieses Merkwürdige…ist…eine Grundstruktur der menschlichen Existenz."[19] Wenn in Menschen durch die Erfahrung von Annahme und Geborgenheit eine Ahnung davon aufkommt, dass das Leben ein Geschenk ist, dann ist auch das wiederum ein Geschenk, das man

---

[19] Karl Rahner „Erinnerungen" – im Gespräch mit Meinold Kraus, Freiburg-Basel-Wien 1984, S. 122 f

nicht erzwingen kann, sondern nur dankbar empfangen darf. Von daher tue ich mich mit der Vokabel ‚bekehren' in diesem Zusammenhang etwas schwer. Wenn ich persönlich allerdings merke, dass mein Weg geändert werden muss, dann ist es selbstverständlich, dass ich ihn auch ändern sollte. Hier hat ‚Bekehrung' für mich ihren „Sitz im Leben".

Wie steht es (gleiche Frage) mit den Mitarbeitern der Caritas?

Auch gegenüber den Mitarbeitenden in der Caritas gilt selbstverständlich, dass Liebe in der Dienstgemeinschaft, im Führungsstil, in Beratungsgesprächen absichtslos zu sein hat, wenn sie sich nicht ad absurdum führen will. Mir hilft der Heilige Thomas mit seiner Aussage: „Lieben heißt, jemandem Gutes wollen" ebenso wie die Aussage des ehemaligen Jesuitengenerals Pedro Arrupe, der sagt: „Die Reife eines Menschen zeigt sich am deutlichsten an dem Dienst, den er in der Gemeinschaft leistet.“ [20]

Wenn Sie auf Ihre eigene Tätigkeit im Dienst der Caritas zurückblicken – sind Sie heute enttäuscht?

Das Wort ‚enttäuscht‘ ist ein gutes Wort, denn es heißt ja eigentlich, von einer Täuschung befreit zu sein. Aber um zum üblichen Wortsinn zurück zu kehren, würde ich klar und entschieden sagen: Nein, ganz im Gegenteil! Ich habe in der Caritas so viele wunderbare Menschen kennenlernen dürfen, dass ich Gott nur – und zwar aus vollem Herzen – dankbar dafür sein kann, dass er mich diesen Weg geführt hat. Ich möchte noch weitergehen, denn ich bin nicht nur gerne Mitarbeiter in der Caritas. Ich bin gern Mitarbeiter in der *kirchlichen Caritas*, weil ich Kirche nie ohne Caritas denken kann. Und umgekehrt: Caritas ist für mich nicht

---

[20] Beide Zitate sind nachzulesen im Katholischen Gebets- und Gesangbuch „Gotteslob“, S. 337 und S. 522

denkbar ohne die Verheißung, die uns durch die Kirche zugesprochen wird. Gerade in der Caritasarbeit, in der Begegnung mit Menschen habe ich erfahren dürfen, dass Hoffnung keine Illusion ist, sondern eine Kraft, die im Leben weiterführt, ja die für das Leben unentbehrlich ist. Es ist die Kirche, die mir sagt und verbürgt, insbesondere mit Verweis auf Jesu Leben, Tod und Auferstehung: Trau Deiner Hoffnung, sie ist keine Illusion, sie hat Grund und Ziel in DEM, den wir Gott nennen. Um mit Benedikt/Ratzinger zu sprechen: „Nur die Liebe, die allmächtig ist, kann Grund angstloser Freude sein.“ [21] Sollte ich über dieses Geschenk des Glaubens nicht froh sein?

Was würde ein Mann wie Karl Rahner zur heutigen Situation sagen?

---

[21] Benedikt XVI./Joseph Ratzinger „Berührt vom Unsichtbaren“ – Jahreslesebuch, Freiburg-Basel-Wien 2000/2005, S. 80

Ich glaube, Karl Rahner würde heute das sagen, was er bereits 1972, also vor mehr als einem halben Jahrhundert, anlässlich der Würzburger Synode, der Kirche mit auf den Weg gegeben hat: „Wir haben zuerst und zuletzt dem Menschen von heute vom innersten, seligen, befreienden, aus Angst und Selbstentfremdung erlösenden Geheimnis seines Daseins zu künden, das wir ‚Gott' nennen…Wo der Mensch die Erfahrung Gottes und seines aus der tiefsten Lebensangst und der Schuld befreienden Geistes auch anfanghaft nicht gemacht hat, brauchen wir ihm die sittlichen Normen des Christentums nicht zu verkündigen. Er könnte sie ja doch nicht verstehen…"[22] Dabei war Rahner zugleich immer auch Anwalt der „unverbrauchbaren Transzendenz Gottes"[23]. D. h. Gott ist keine ‚Funktion menschlicher Exis-

[22] Karl Rahner „Strukturwandel der Kirche als Aufgabe und Chance", Freiburg-Basel-Wien 1972, S. 72

[23] Karl Rahner „Schriften zur Theologie" XIV, Zürich-Einsiedeln-Köln 1980, S.405-421, SW 29, 67-78

tenz‘. Er geht nicht darin auf, ‚Lebenshilfe‘ für den Menschen zu sein. Gott braucht weder die Welt noch den Menschen. Weil Gott Liebe ist und weil Liebe nie nur bei sich bleibt, gibt es die Welt, gibt es die Menschen. Gott kann nur um seiner selbst willen geliebt werden – weil es in der Liebe immer um den Anderen um seiner selbst willen geht – wenn der Mensch IHN und damit zugleich sich selbst nicht fundamental missverstehen und verfehlen will.

Rahner ist vor 40 Jahren gestorben. Dass Sie ein großer Schüler und Nachfolger des Theologen sind, ist bekannt. Was hat Sie so an ihm begeistert?

Dass Karl Rahner ein Mann des Gebetes war. Dass für ihn Leben und Glauben eine untrennbare Einheit bilden. Er war ein großer Denker als Theologe. Aber all sein Denken stand im Dienste der Seelsorge. Er war zuerst und zuletzt der ‚Pater Rahner‘, der die Menschen liebte, der es absurd fand, zu fragen, ob er noch in der Kirche bleiben solle. Weil die Kirche ihm etwas gibt, was ihm sonst keiner geben kann: Die begründete Vermittlung der Verheißung auf ein Leben, das es wert ist, in die Liebe Gottes einzumünden. Diese Botschaft, bei aller Schwäche des ‚Bodenpersonals' ist unübertroffen und lebensnotwendig. Sie weiter zu geben, hat Karl Rahner immer als seine Lebensaufgabe angesehen. Karl Rahner ist mir ein „Vater im Glauben" geworden, wie es einmal einer seiner berühmten Schüler, Johann Baptist Metz ausdrückte. Was mich an Karl Rahner begeistert hat und begeistert ist sein tiefes Wissen, um die „Not und den Segen des Gebetes." So heißt ja auch der Titel eines Long- und Bestsellers von ihm. Um es mit den Worten Karl Lehmanns zu sagen:

„Karl Rahner hat ein weites Verständnis von Gebet. Jede gemachte Erfahrung – des Freudigen und des Schrecklichen – weist über sich hinaus in das Land einer unbegrenzten Hoffnung, darin Gott wohnt. Einem Gesprächspartner antwortete er auf die Frage ‚Beten Sie?“: ‚Ich hoffe, dass ich bete. Sehen Sie, wenn ich in meinem Leben immer wieder in großen und in kleinen Stunden eigentlich merke, wie ich an das unsagbare, heilige, liebende Geheimnis grenze, das wir Gott nennen, und wenn ich mich dem stelle, gleichsam auf dieses Geheimnis mich vertrauend, hoffend und liebend einlasse, wenn ich dieses Geheimnis annehme, dann bete ich – und ich hoffe, dass ich das tue.‘“

Lehmann sagt weiter:
„Beten ist also ein vielfältiges Zeugnis des Glaubens, der sich zur Sprache bringt“.[24]

---

[24] „Beten mit Karl Rahner“-Freiburg-Basel-Wien 2004, Band 2, S. 9f

ZUM AUTOR

Rudolf Hubert (geb. 1958) ist Referent für die Caritaspastoral im Caritasverband für das Erzbistum Hamburg e. V.

Als Schüler in der ehemaligen DDR ist er auf das Büchlein von Karl Rahner gestoßen: "Von der Not und dem Segen des Gebetes".

Mit diesem Büchlein konnte er spirituell und intellektuell in der damaligen Situation Boden gewinnen. Seine anhaltende Beschäftigung und vertiefende Auslegung des Werkes Karl Rahners hat er in der umfassenden Studie zusammengefasst: „Im Geheimnis leben – Zum Wagnis des Glaubens in der Spur Karl Rahners ermutigen“ (Würzburg: Echter 2013). Dieses Werk kann als vertiefende Auslegung ebenso empfohlen werden, wie als mystagogische Anleitung zur eigenen Glaubensfindung bzw. -vertiefung.“

Prof. Dr. Roman A. Siebenrock, Universität Innsbruck

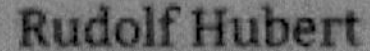

52 Seiten, ISBN-13: 9783754349281, € 5,00

Wir sollten Ausschau halten nach den christlichen Heiden, d. h. nach den Menschen, die Gott nahe sind, ohne dass sie es wissen, denen aber das Licht verdeckt ist durch den Schatten, den wir werfen. Vom Aufgang und Niedergang ziehen Menschen ins Gottesreich auf Straßen, die in keiner amtlichen Karte verzeichnet sind. Wenn wir ihnen begegnen, sollten sie an uns merken können, dass die amtlichen Wege, auf denen wir ziehen, die sicheren und kürzeren sind.

56 Seiten, ISBN-13: 9783757887841, € 5,90

Ist Glaube noch gefragt?

Angesichts abgrundtiefer Gefühle von Macht und Ohnmacht wird gegenwärtig die Frage nach der Bedeutung von Religion in neuer Radikalität gestellt – wenn sie überhaupt (noch) gestellt wird. Karl Rahner gilt als einer der bedeutendsten Theologen des 20. Jahrhunderts. Er hat sich genau diesen Situationen gestellt: Wie kann im Heute geglaubt werden? Und zwar intellektuell redlich, d.h. ohne Verdrängung und ohne Ausflüchte? Seine Einwürfe zur kirchlichen Situation scheinen heute wie die Rufe eines Propheten.

Karl Rahner galt vielen als Vater des Glaubens und Bruder im Glauben. Wenn das Büchlein mit dazu beiträgt, diesen Glaubenshelfer (wieder) zu entdecken, hätte es seinen Zweck in überreichem Maße erfüllt.